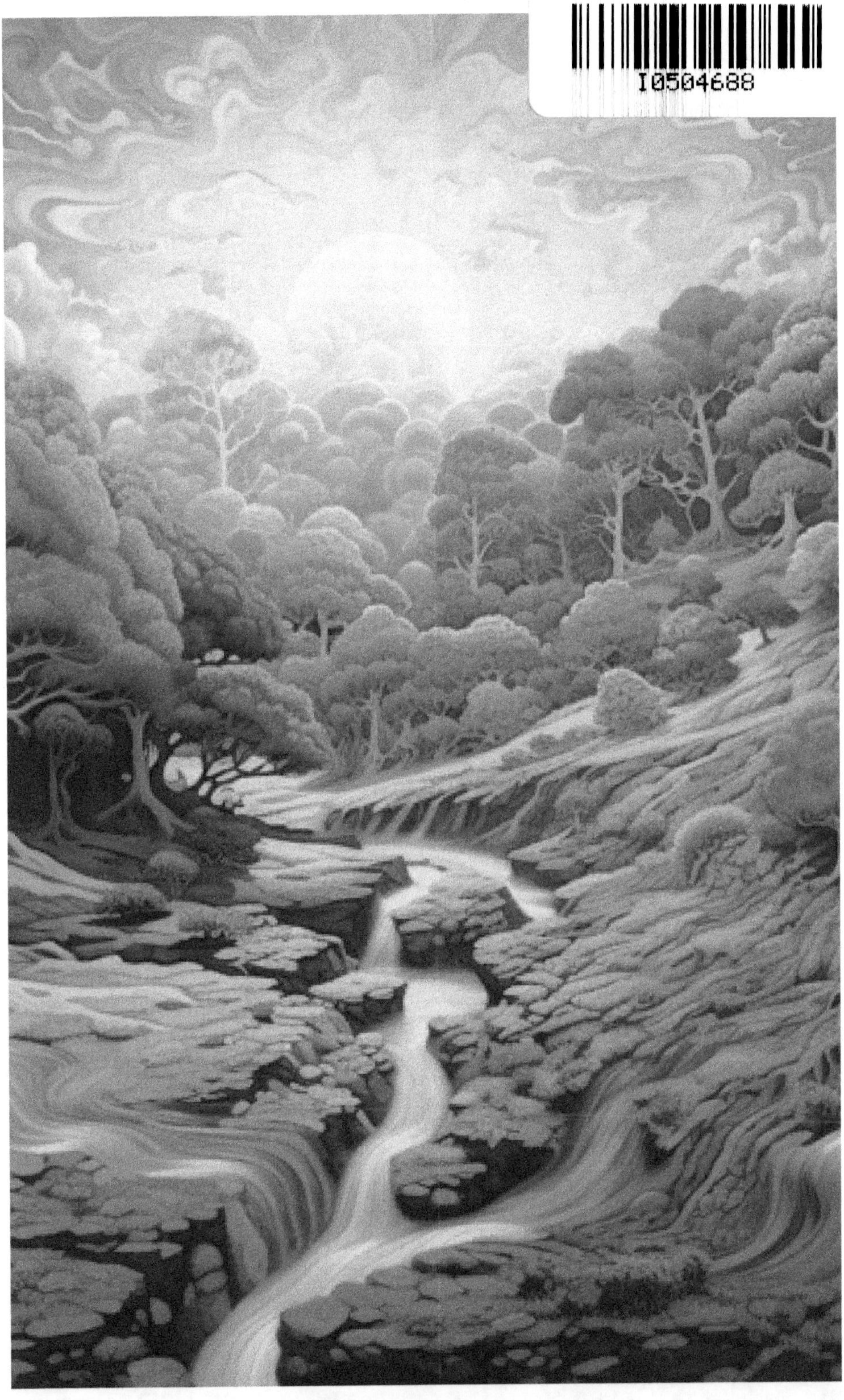

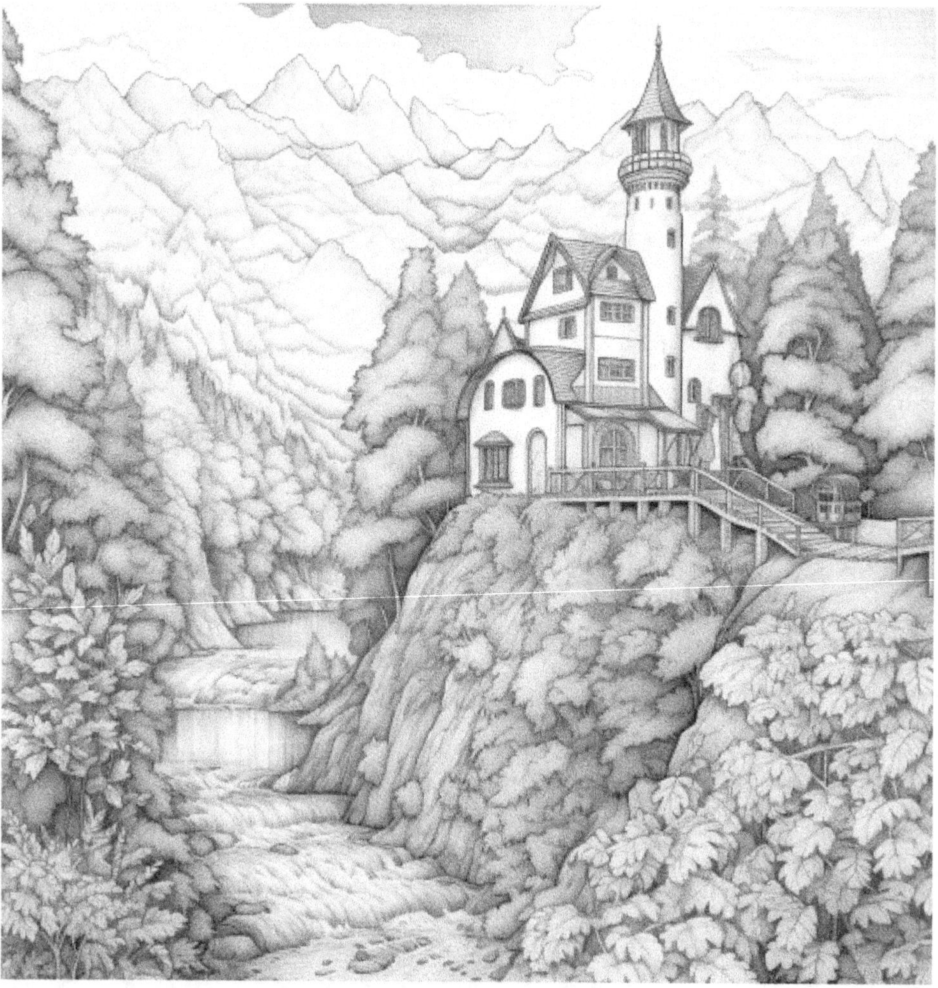

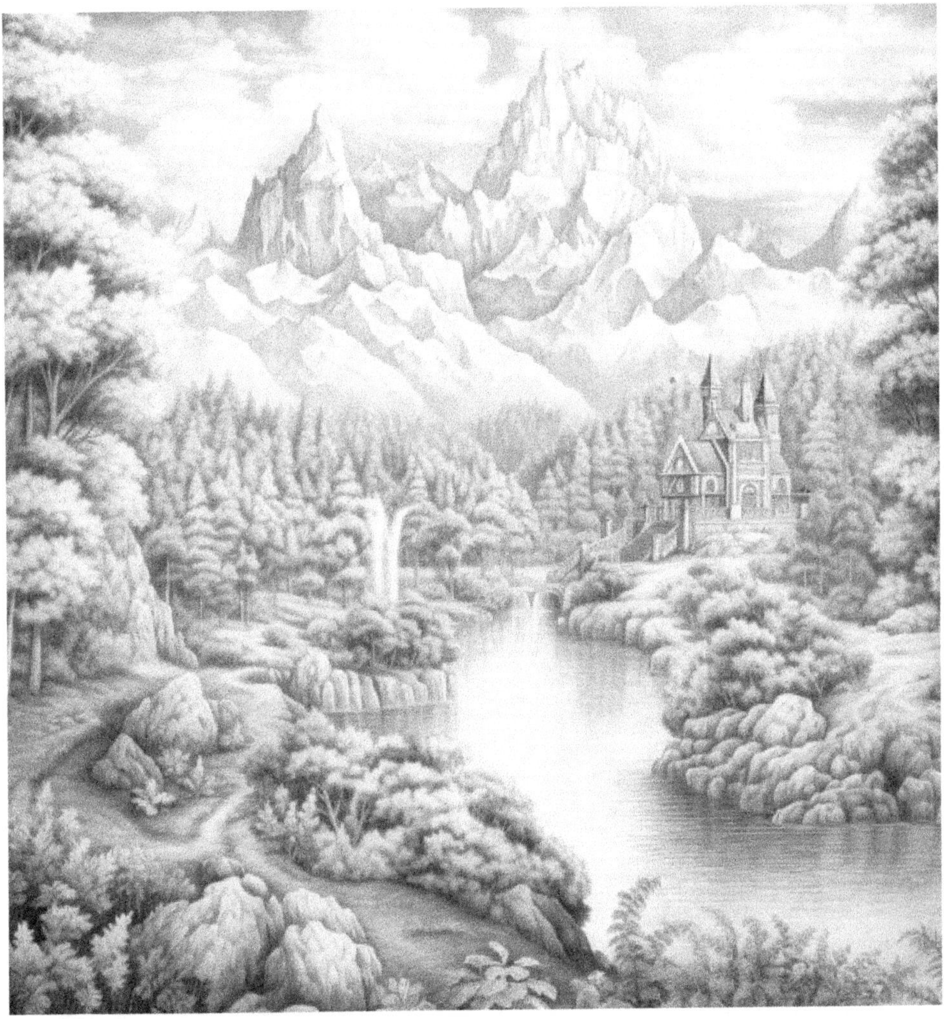

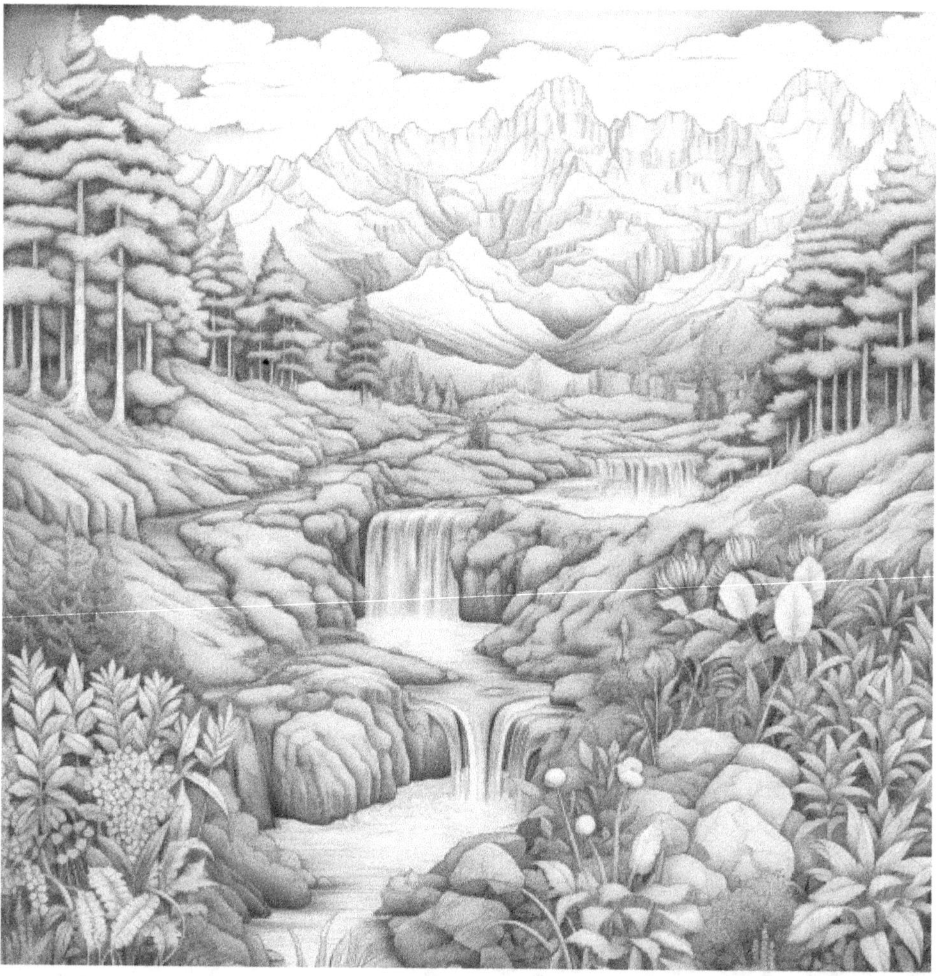

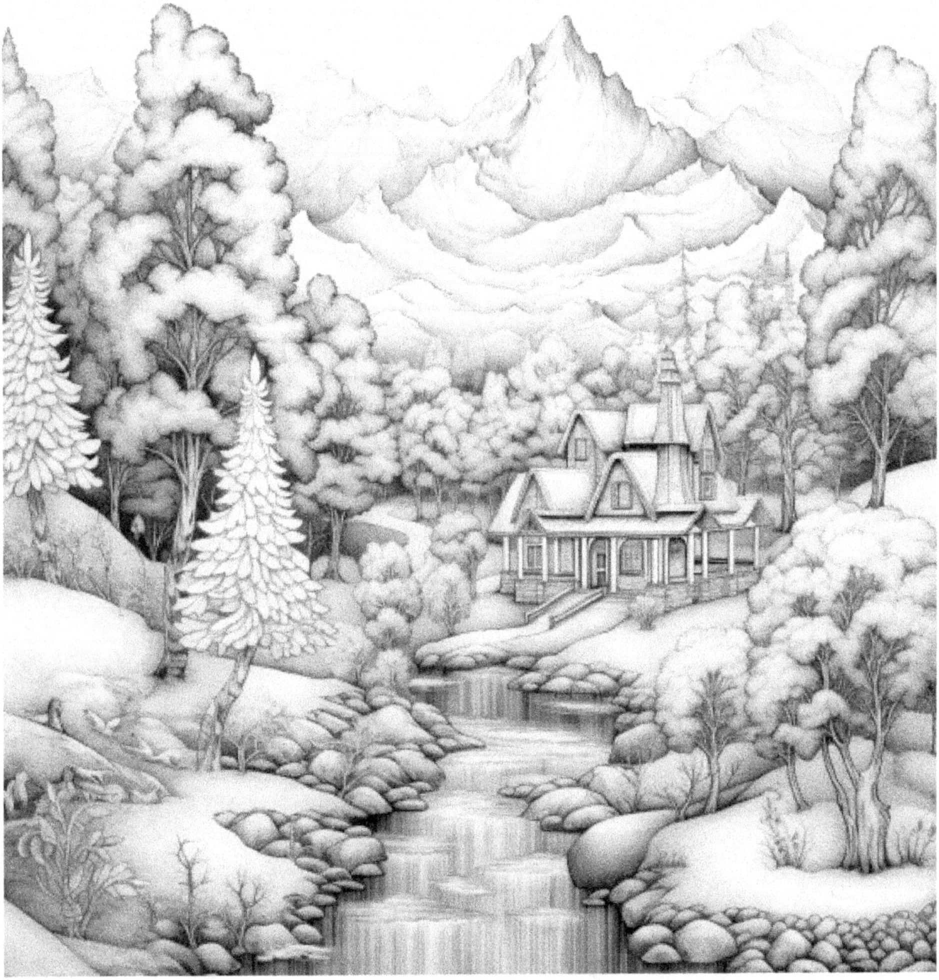

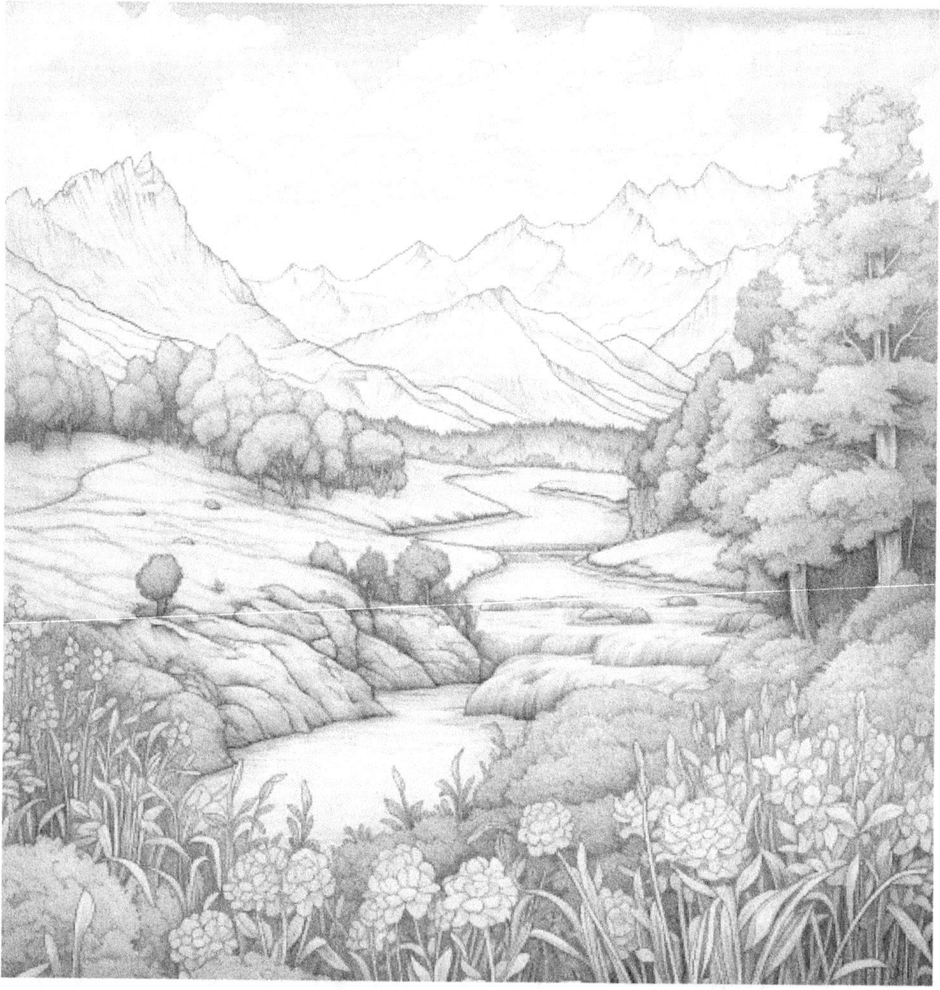

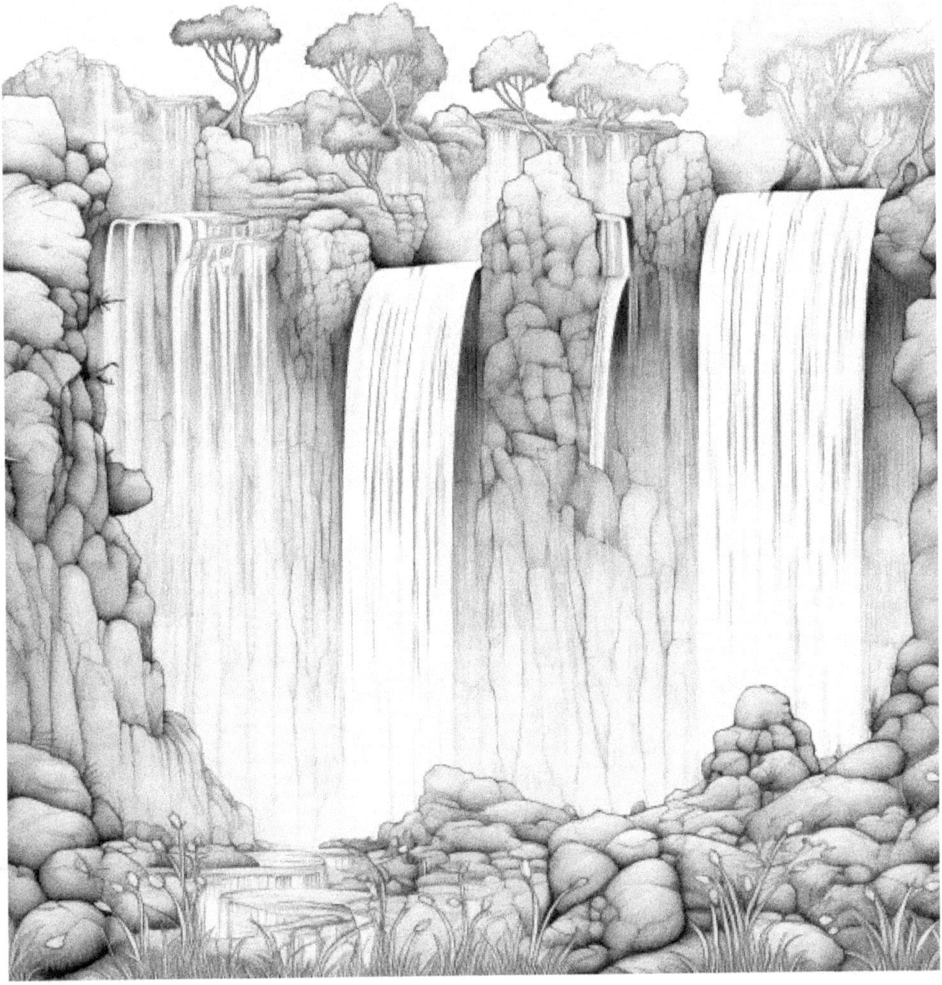

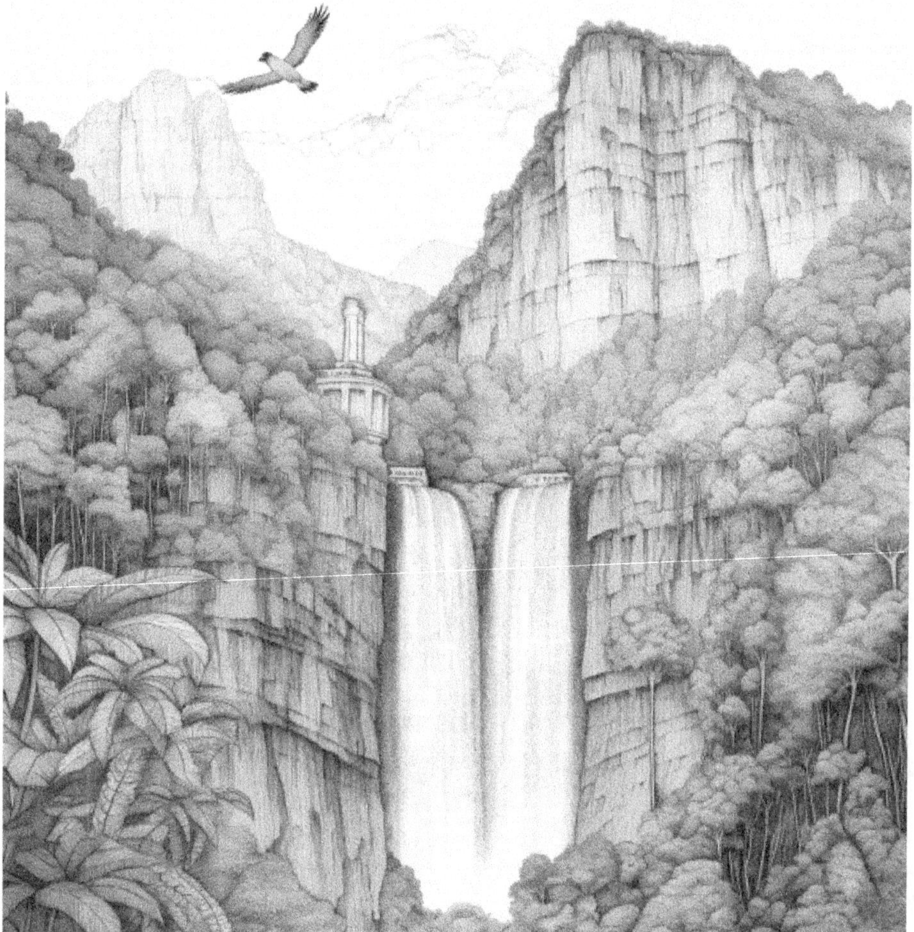

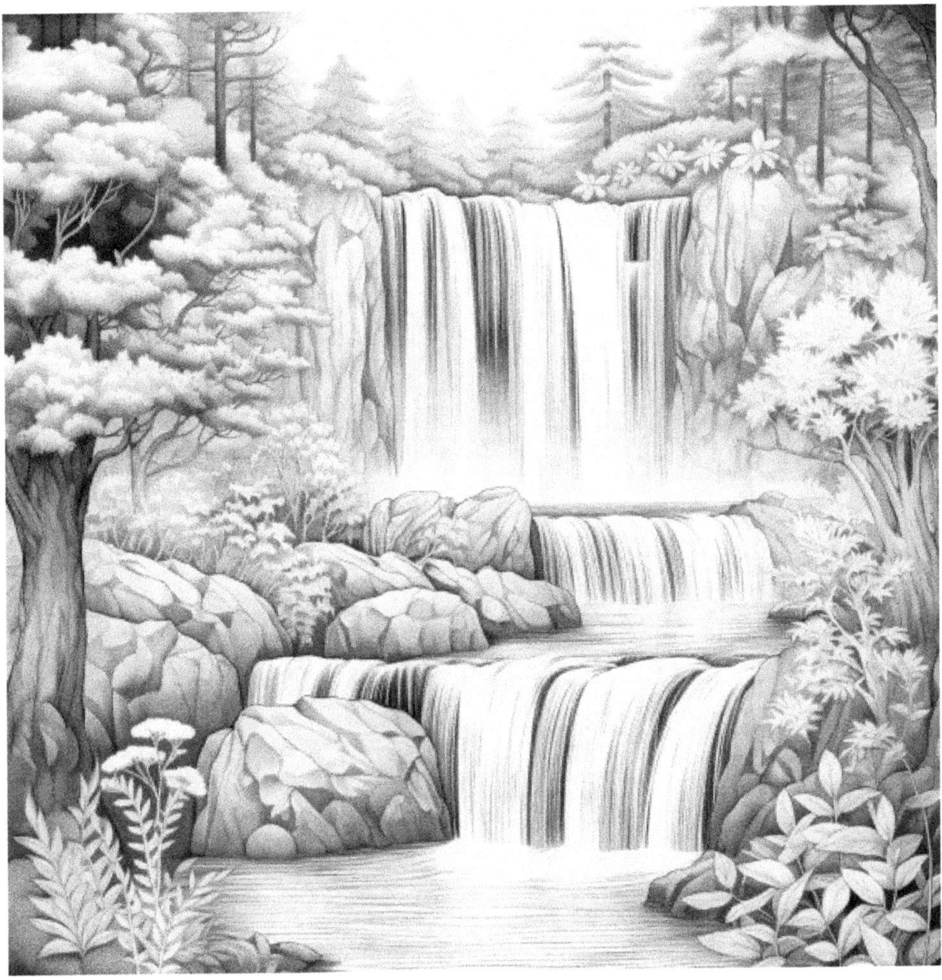

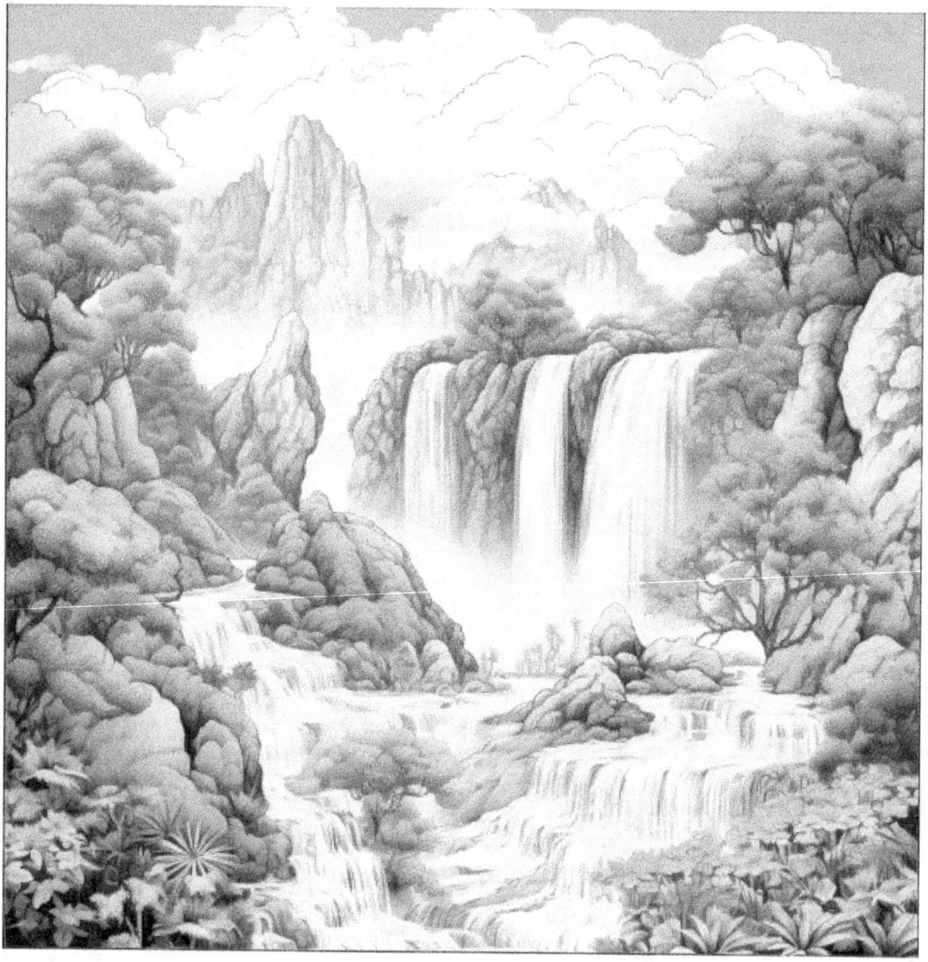

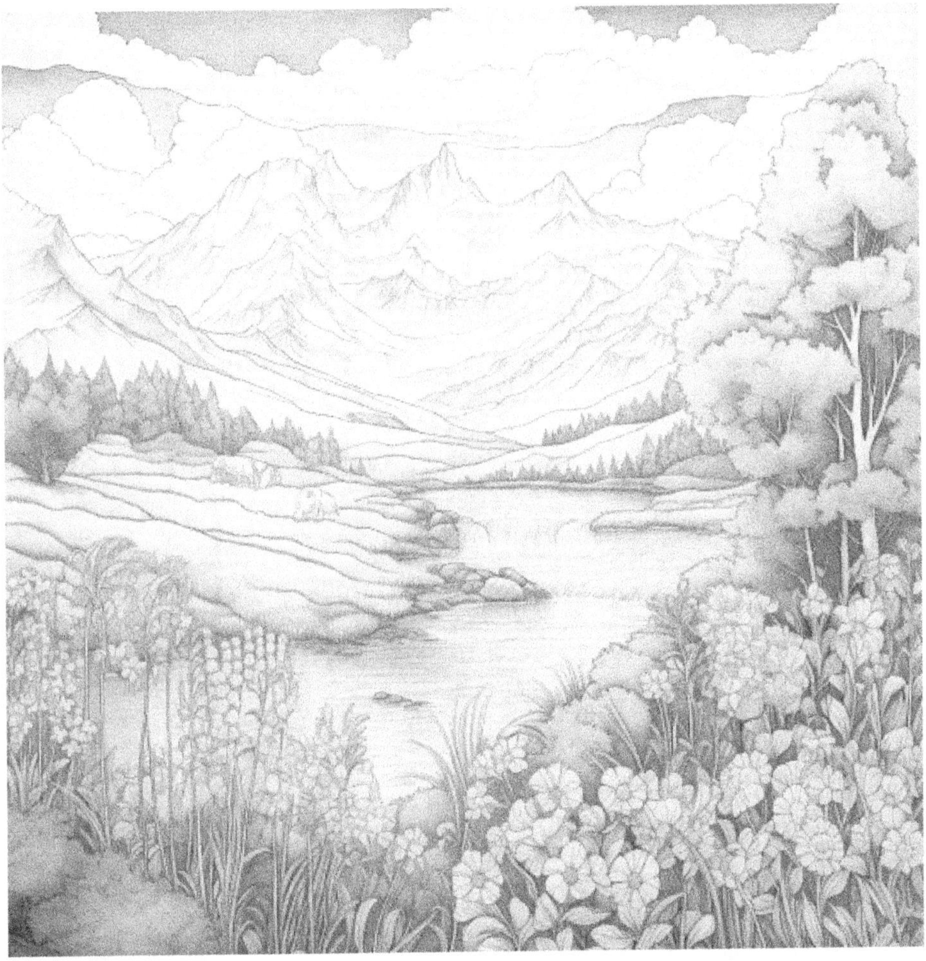

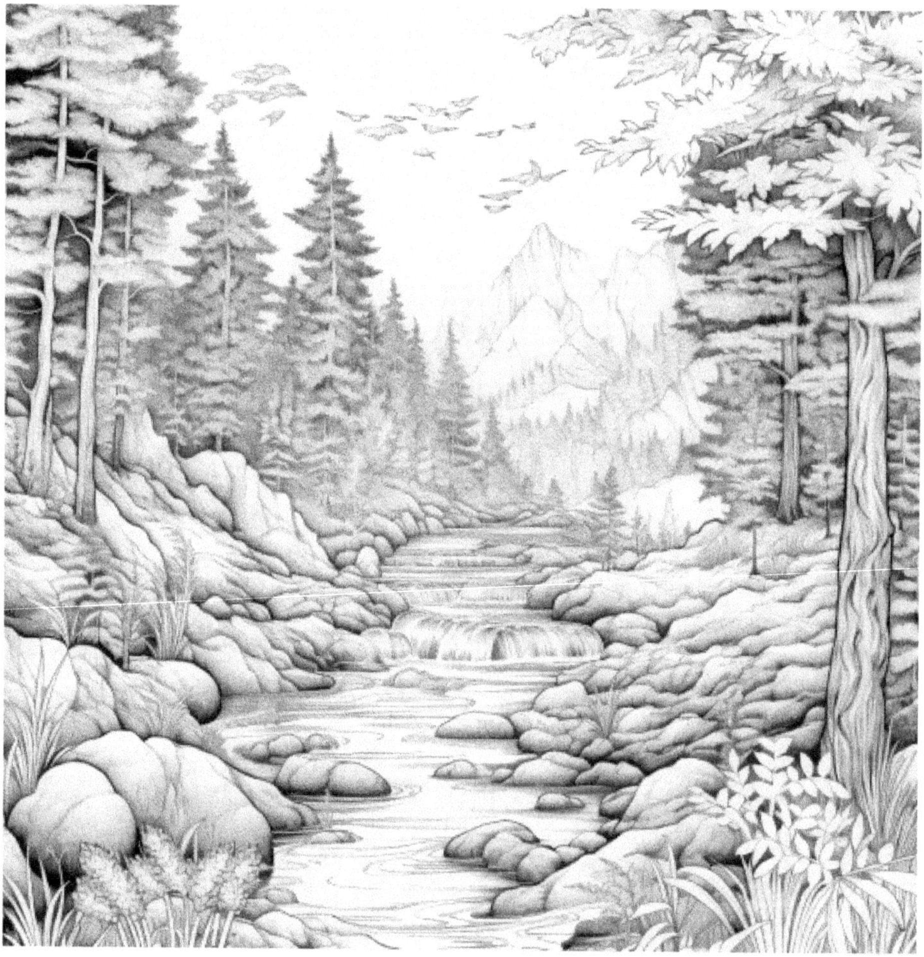

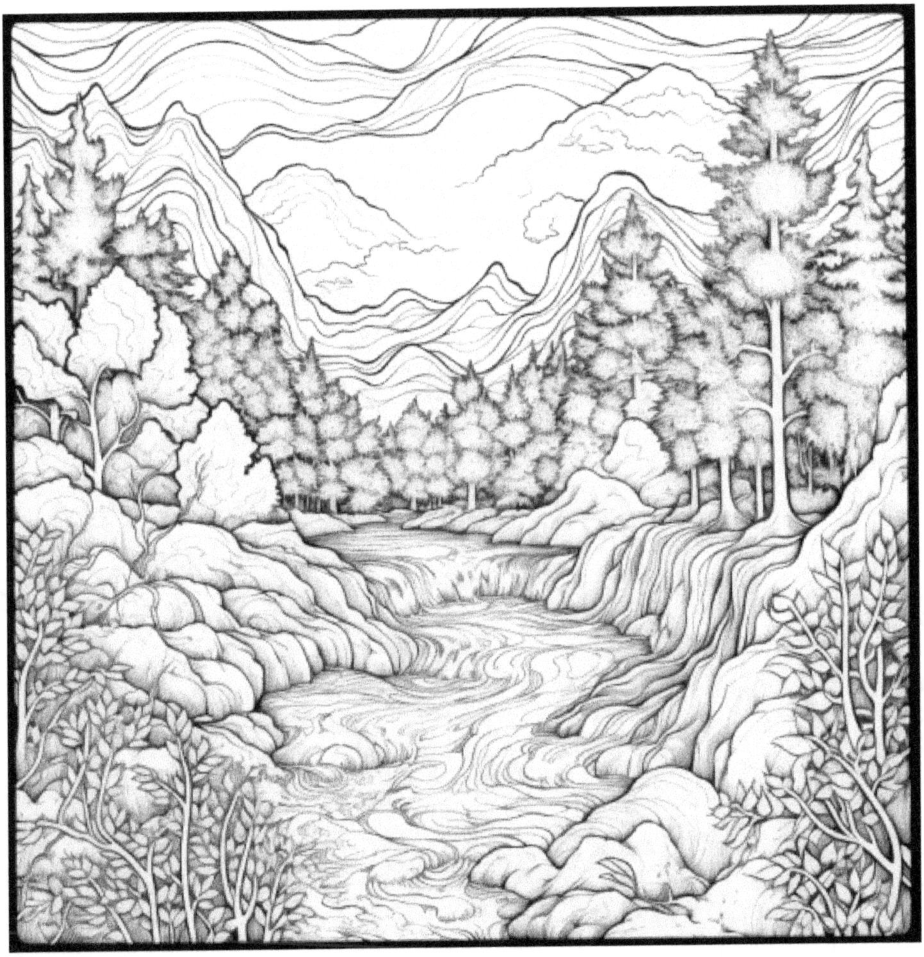

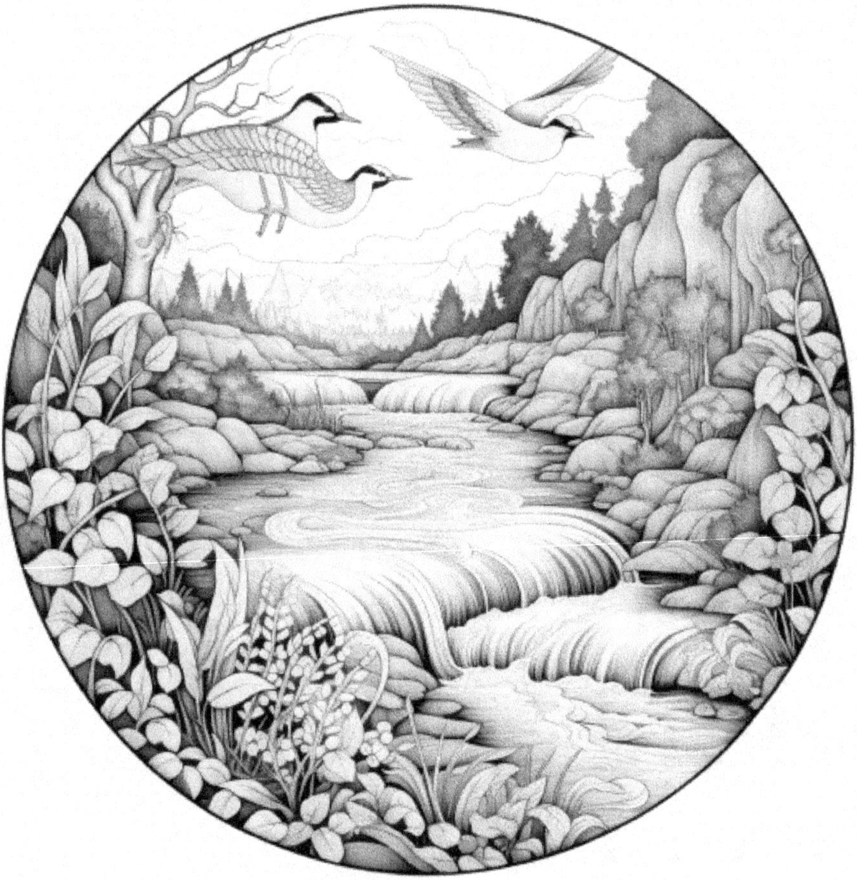

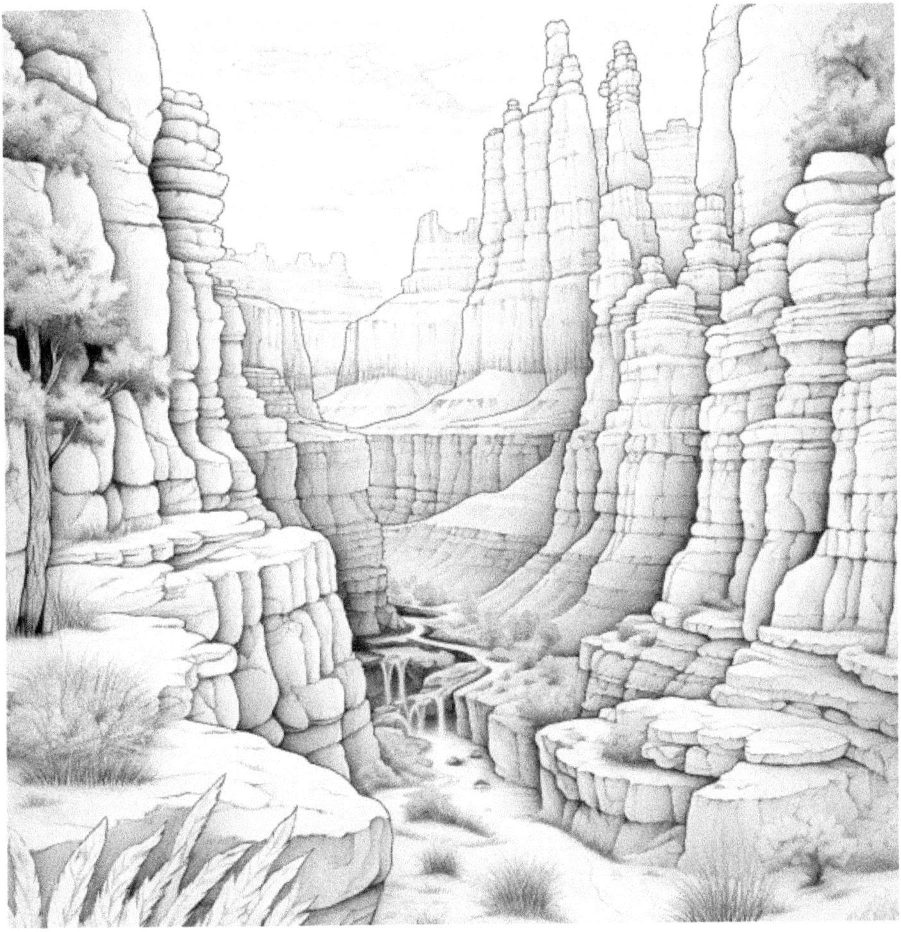

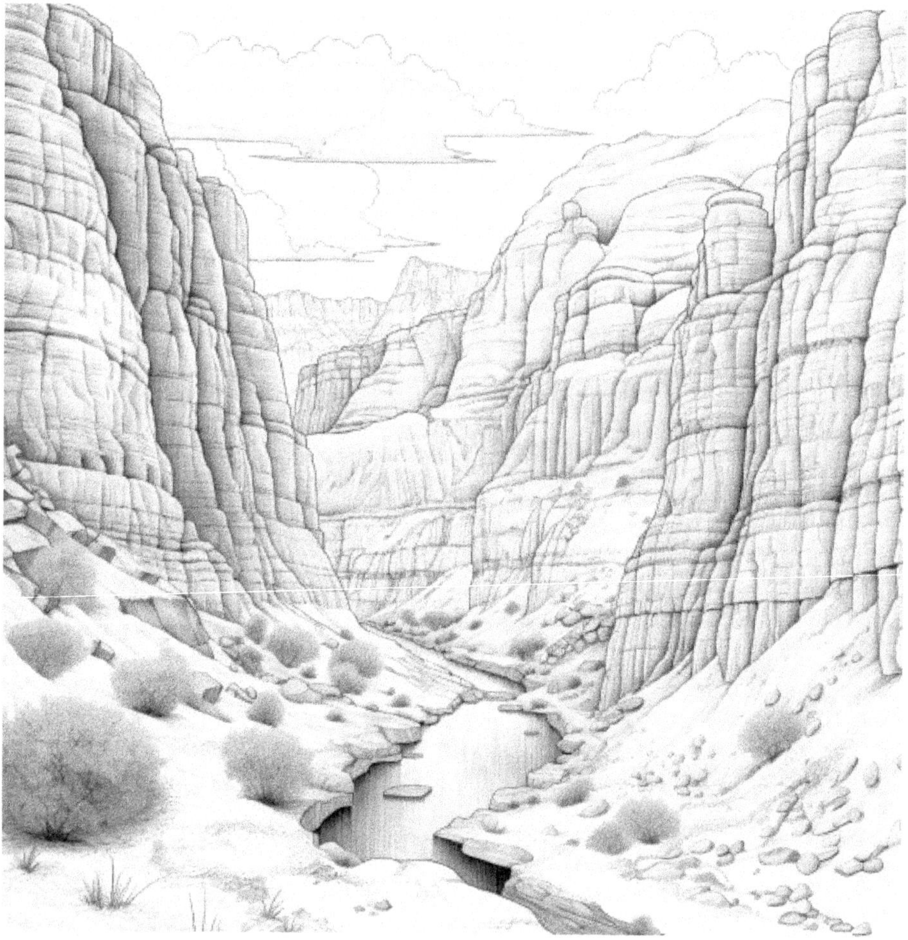

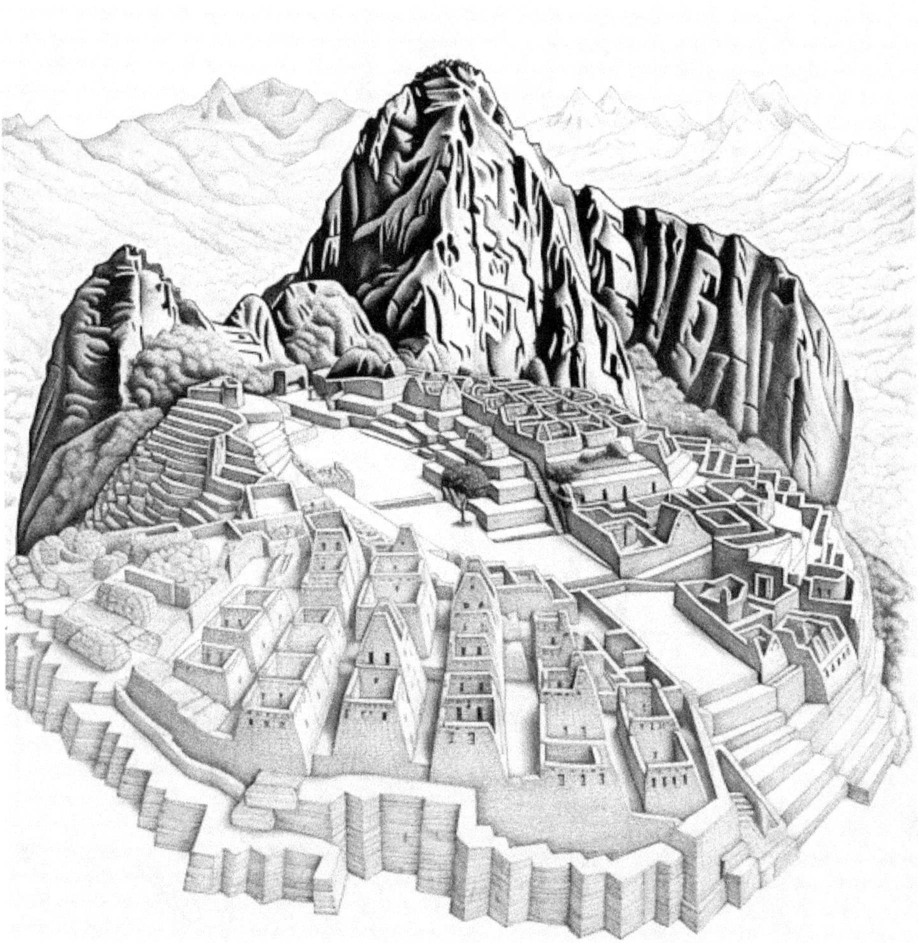

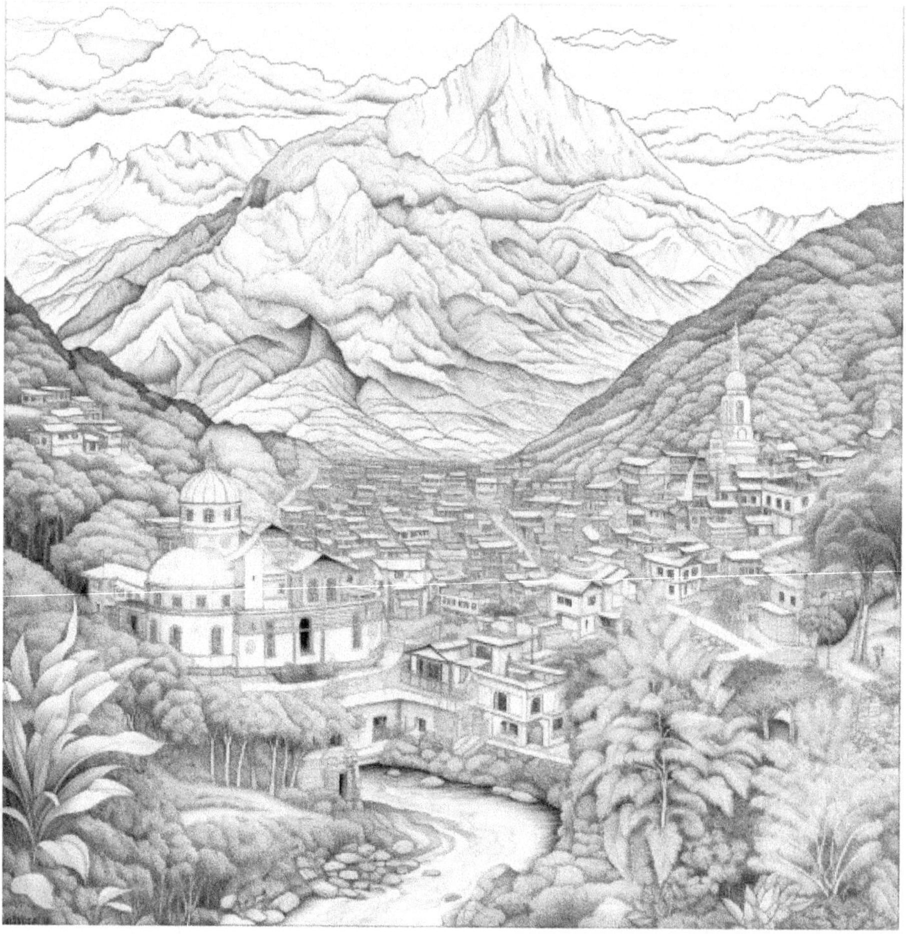

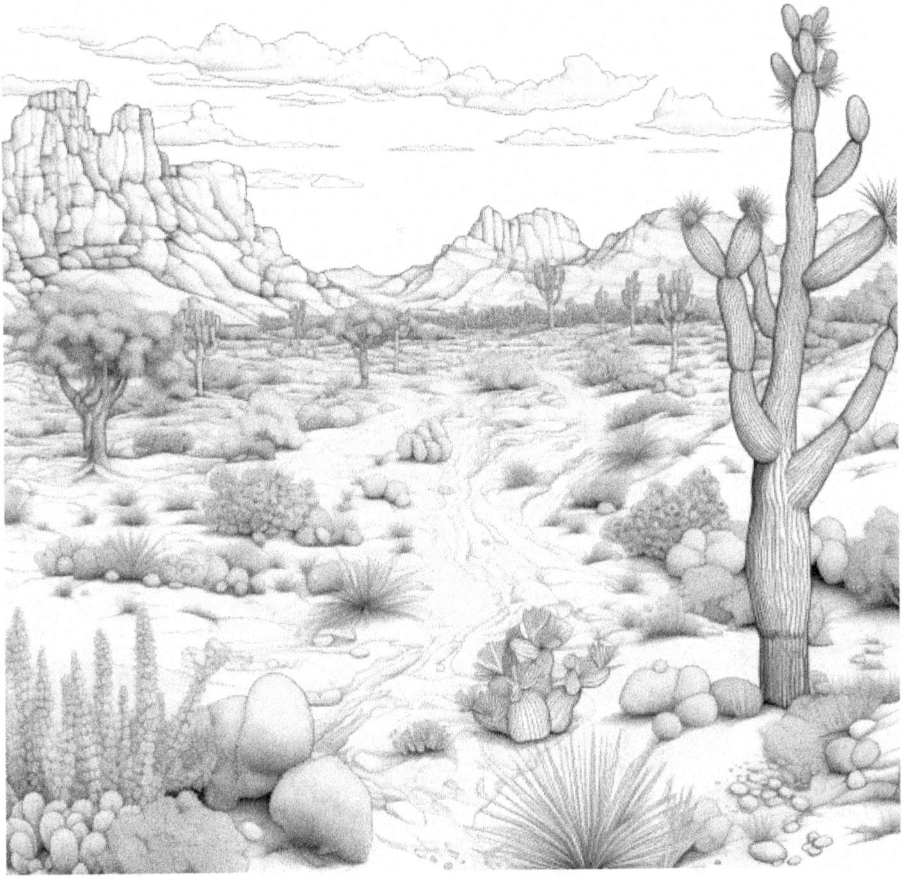

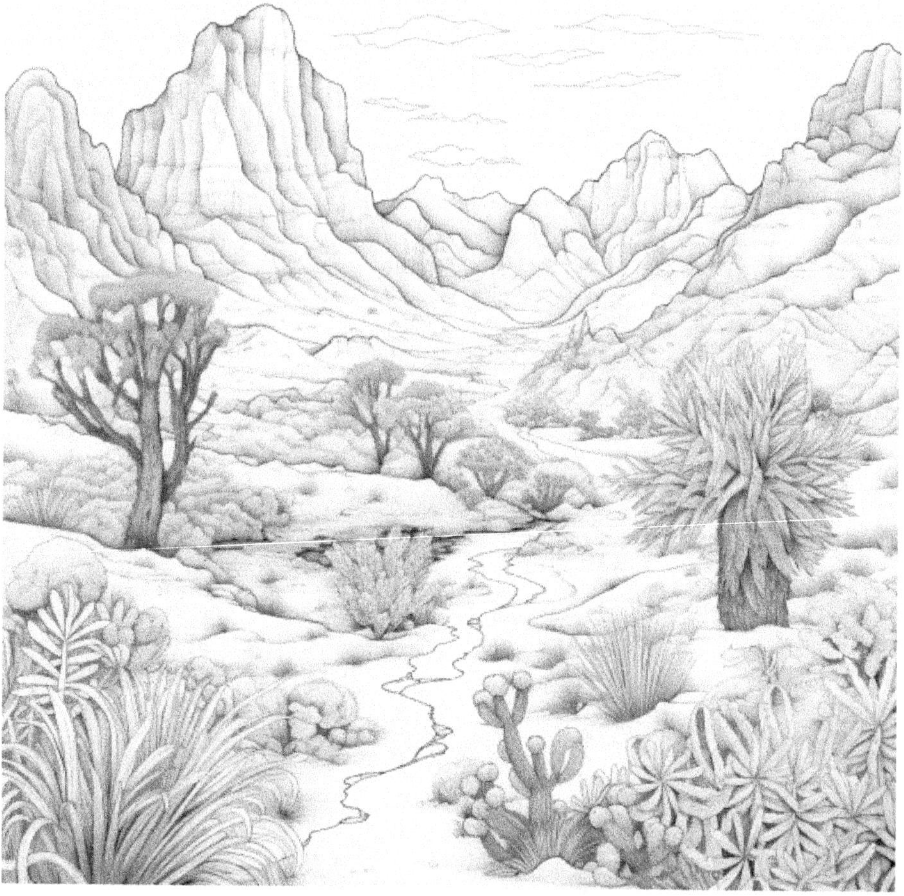

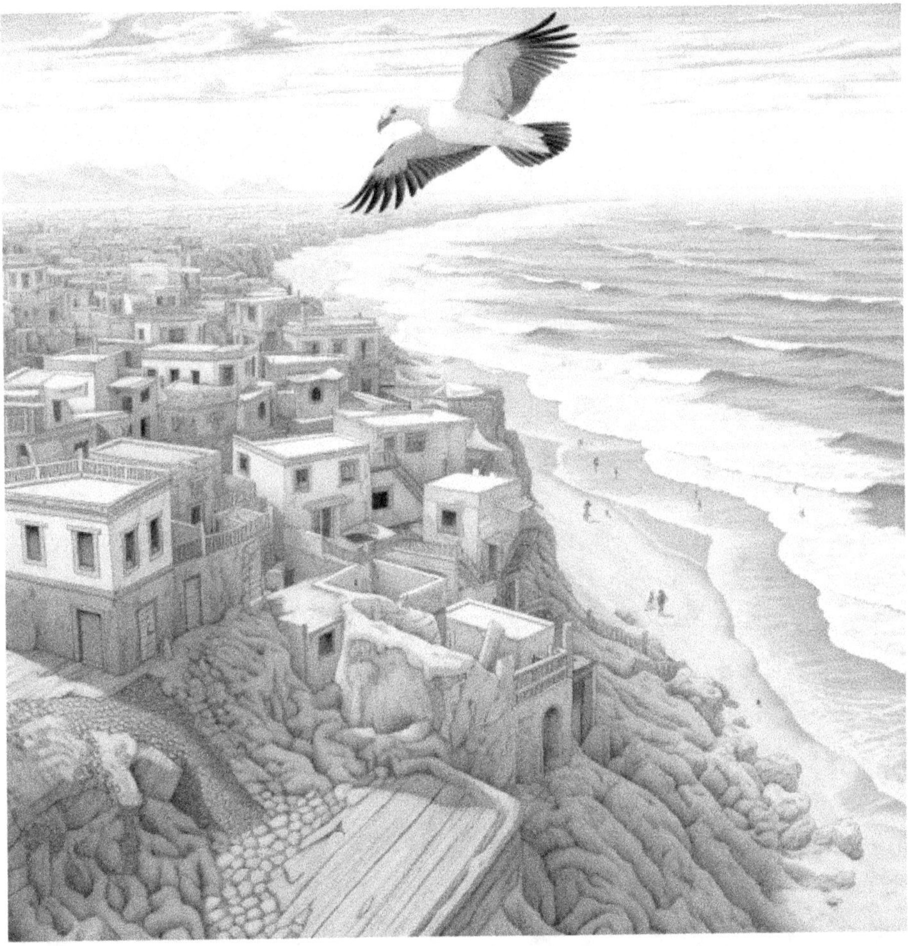

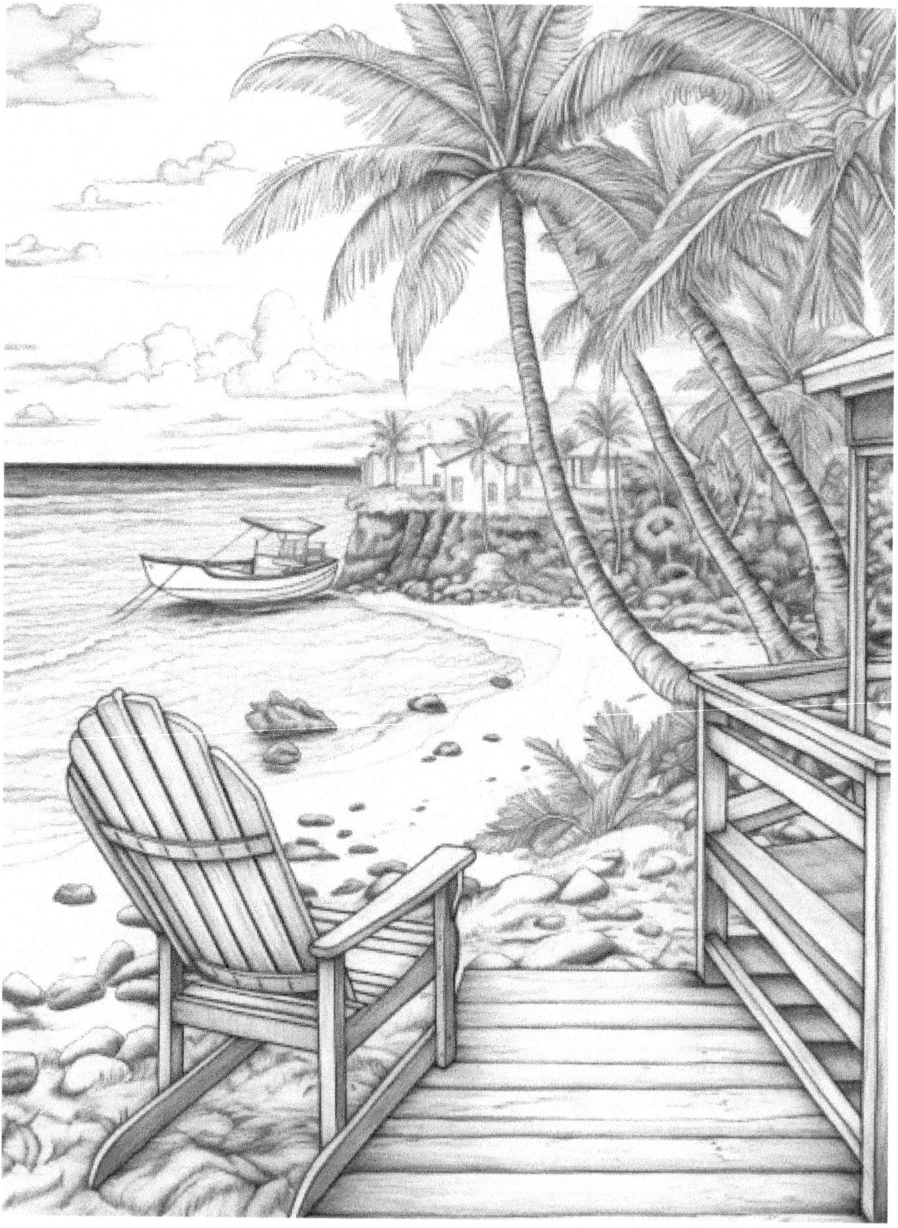

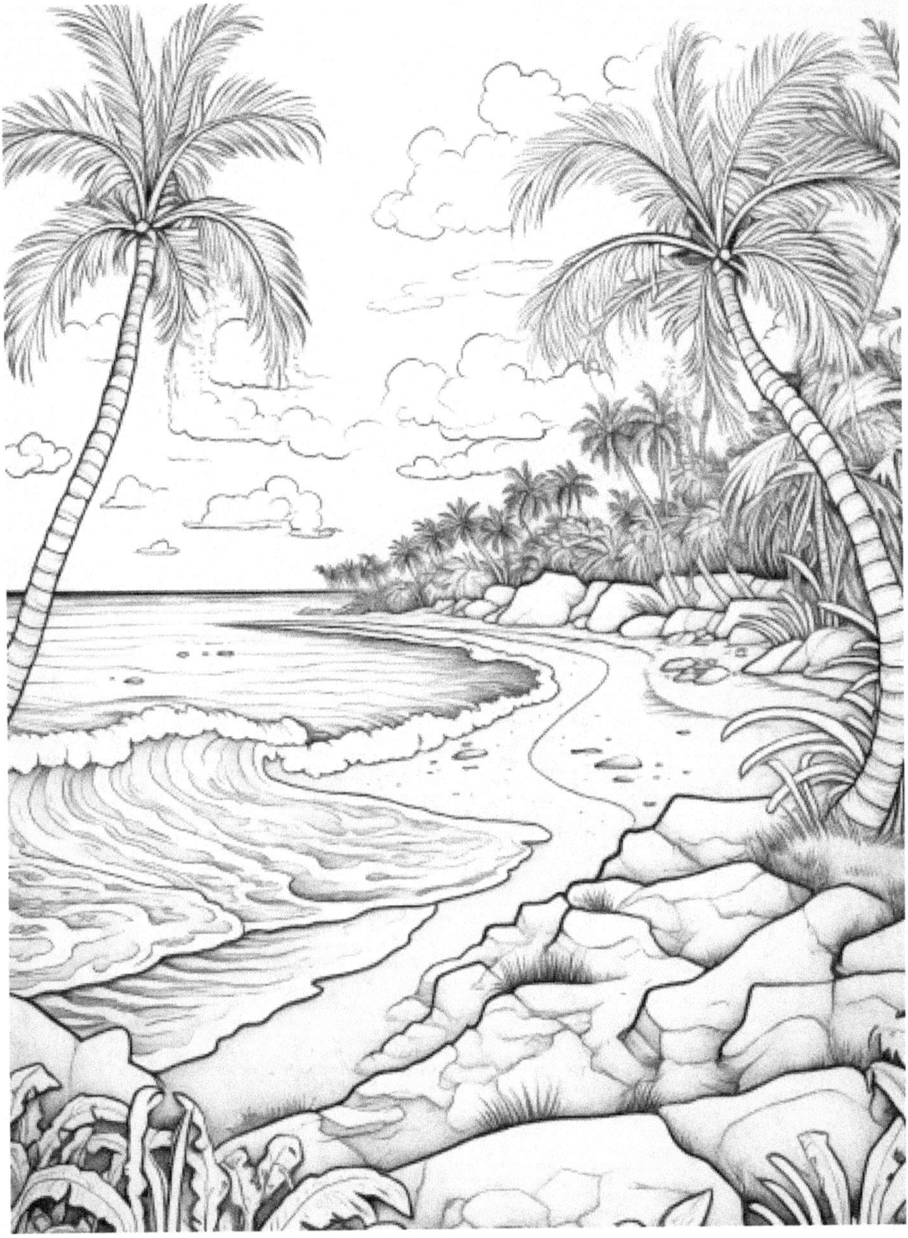

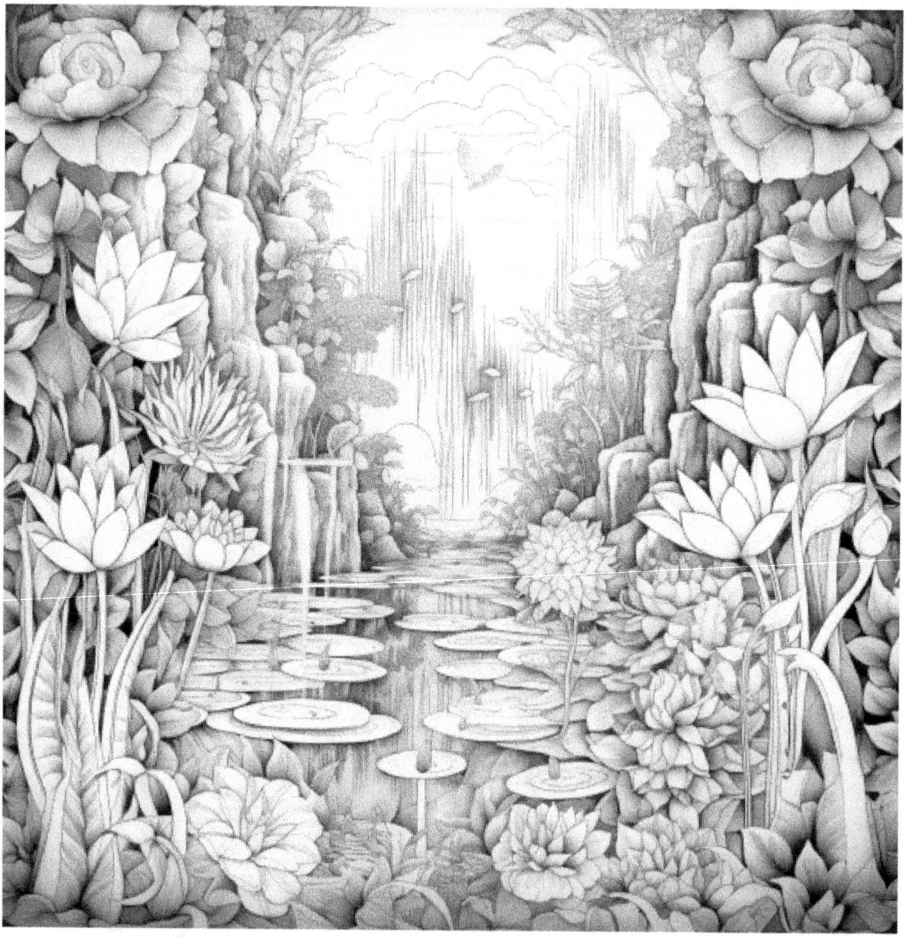

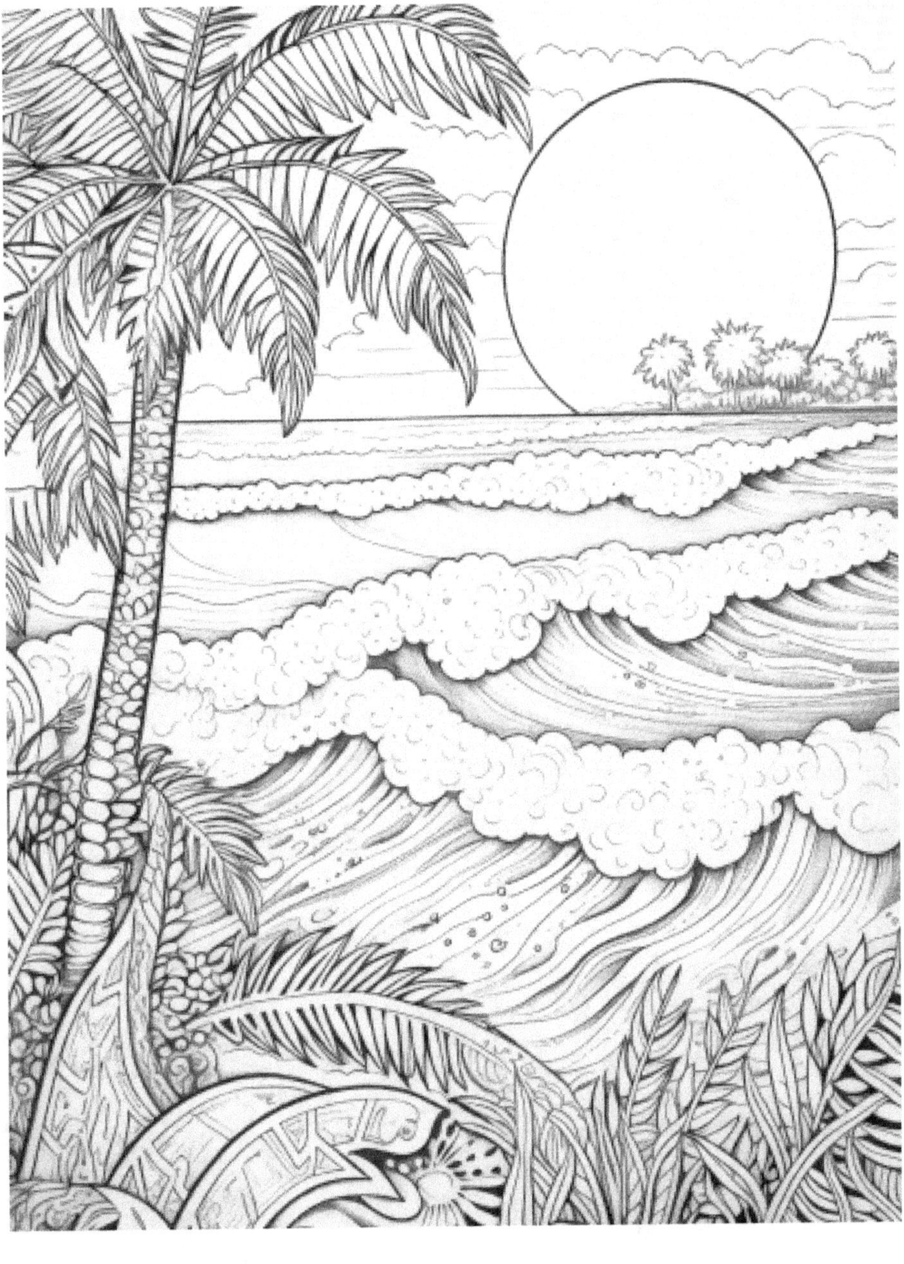

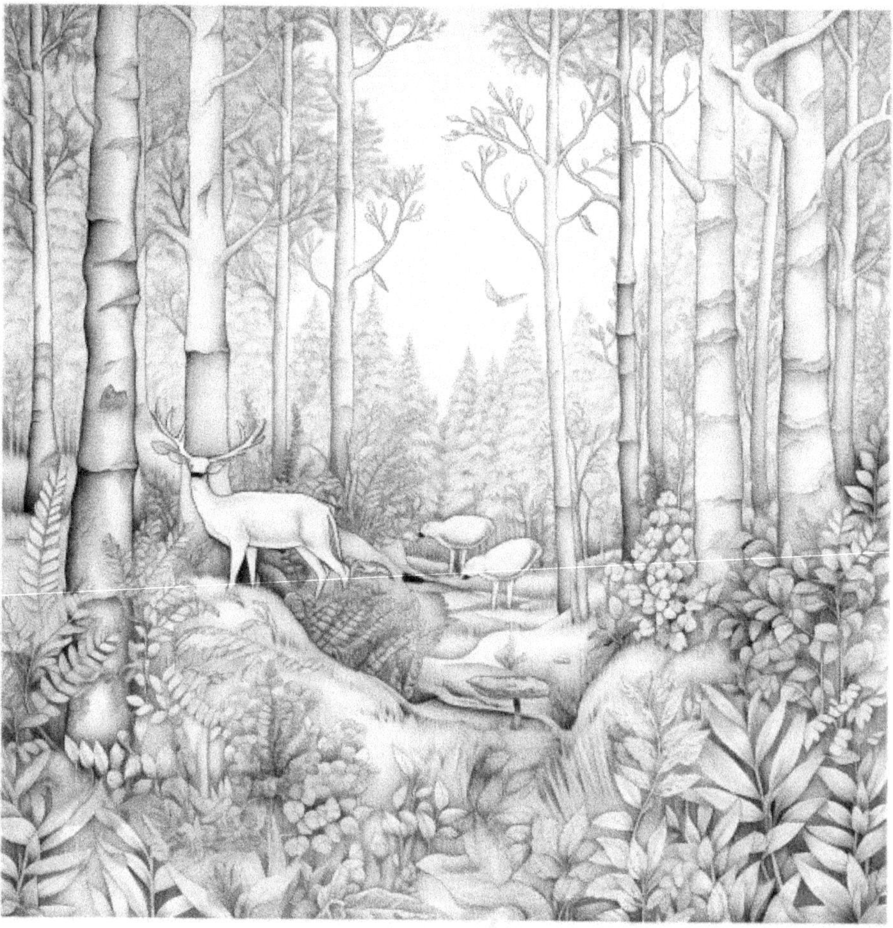

www.ingramcontent.com/pod-product-compliance
Lightning Source LLC
Chambersburg PA
CBHW070914220526
45466CB00005B/2209

* 9 7 9 8 3 9 4 7 8 4 9 6 5 *